BEI GRIN MACHT SICH IHR WISSEN BEZAHLT

AF167265

- Wir veröffentlichen Ihre Hausarbeit,
  Bachelor- und Masterarbeit

- Ihr eigenes eBook und Buch -
  weltweit in allen wichtigen Shops

- Verdienen Sie an jedem Verkauf

Jetzt bei www.GRIN.com hochladen und kostenlos publizieren

Planung eines Beweglichkeits- und Koordinationstrainings

Birthe Kramer

Bibliografische Information der Deutschen Nationalbibliothek:

Die Deutsche Nationalbibliothek verzeichnet diese Publikation in der Deutschen Nationalbibliografie; detaillierte bibliografische Daten sind im Internet über http://dnb.d-nb.de abrufbar.

ISBN: 9783346676856
Dieses Buch ist auch als E-Book erhältlich.

© GRIN Publishing GmbH
Nymphenburger Straße 86
80636 München

Druck und Bindung: Books on Demand GmbH, Norderstedt Germany
Gedruckt auf säurefreiem Papier aus verantwortungsvollen Quellen

Das Buch bei GRIN: https://www.grin.com/document/1243373

Hausarbeit

Name, Vorname	Kramer, Birthe
Studiengang	Fitnesstraining
Studienmodul	Trainingslehre 3
Datum Präsenzphase (siehe Ergebnisdokumentation)	5.7-7.7
Aufgabe	Planung eines Beweglichkeitstrainings und Koordinationstrainings

Inhaltsverzeichnis

1   Personendaten

In der folgenden Tabelle (Tab. 1) werden die allgemeinen und biometrischen Daten der ausgewählten Testperson ausgeführt. Die Daten geben Auskunft über den aktuellen Gesundheitszustand sowie den Leistungszustand der Testperson. Diese sind essenziell für die Planung eines individuellen, zielgerichteten und systematischen Dehnprogramms, sowie dem Koordinationsprogramm.

Tabelle 1: Allgemeine Personendaten der Testperson (eigene Darstellung)

Allgemeine Daten der Testperson	
Alter	29
Geschlecht	weiblich
Größe (cm)	170cm
Gewicht (kg)	70kg
Trainingsmotive	Ausgleich für den Berufsalltag, Erhalt und Verbesserung der Beweglichkeit, Abbau von Verspannungen im unteren Rücken, Fit für den Alltag
Beruf	Bürokauffrau, 40h Woche
Frühere sportliche Aktivitäten	2-mal pro Woche Schwimmen (zwischen 8-16 Jahre)
Aktuelle sportliche Aktivitäten	2-mal pro Woche 60 Joggen
Zeitlicher Verfügungsrahmen	3-mal pro Woche je 60min
Leistungsstufe	Einsteiger, da die Testperson bislang kein Beweglichkeitstraining und Koordinationstraining gemacht hat
Allgemeine Daten zum Gesundheitszustand der Testperson	
Allgemeiner Gesundheitszustand	Gelegentlich Verspannungen und leichte Schmerzen im unteren Rücken nach langem sitzen auf der Arbeit
Orthopädische/Internistische Probleme	keine
Ärztliche Behandlungen	Keine
Einnahme von Medikamenten	Keine
Gesundheitliche Einschränkungen	Laut ärztlicher Untersuchung liegen keine gesundheitlichen Einschränkungen vor, die Person ist vollständig belastbar.

Die Auswertung der Tabelle 1 zeigt, dass es sich bei der gewählten Testperson um eine 29-jährige Frau mit einem guten Gesundheitszustand und vollständiger Belastbarkeit handelt. Die Testperson klagt über leichte Schmerzen im unteren Rücken nach langem Sitzen, - weist aber nach ärztlichem Check Up keine Einschränkungen oder Verletzungen auf. Daher kann der nachfolgende Beweglichkeitstest ohne Eingrenzung durchgeführt werden. Bei der Trainingsplanung des Koordinationstraining werden aufgrund der Leistungsstufe „Einsteiger" eher einfache nicht zu überfordernde Koordinationsübungen gewählt, welche die Testperson aber dennoch fordern.

2 Beweglichkeitstestung

Zur Beurteilung der Beweglichkeit wird in Tabelle 2 ein vereinfachtes Testverfahren zur Beweglichkeitsdiagnostik mit Hilfe des Muskelfunktionstests nach Janda (2000) durchgeführt.

Tabelle 2: Beweglichkeitstestung nach Janda

Muskulatur	Durchführung	Messbereich/ Normwerte	Testergebnisse
Brustmuskulatur (M. pectoralis major) Abbildung 1: DHFPG Trainingslehre 3, Studienbrief. S.48	-Rückenlage auf der Behandlungsliege -Beine zur Beckenfixierung anwinkeln -Füße auf die Liege aufstellen -den zu testenden Arm in eine 90° Position von Thorax und Oberarm beugen, sowie im Schultergelenk nach außen rotieren -den Arm in dieser Position Richtung horizontale bewegen -LWS stabilisieren („Bauchmuskulatur anspannen")	**Messbereich:** Position des Oberarms zur Horizontalen **Normwerte:** **Stufe 0:** Oberarm erreicht Horizontale ohne Druck des Testausführers; Oberarm erreicht Horizontale durch leichten Druck des Testausführers unter die Horizontale (keine Beweglichkeitsdefizite) **Stufe 1:** Oberarm erreicht Horizontale durch leichten Druck des Testausführers bis zu Horizontalen (leichte Beweglichkeitsdefizite) **Stufe 2:** Oberarm erreicht Horizontale durch Druck des Testausführers nicht (deutliche Beweglichkeitsdefizite)	**Stufe 1:** Oberarm erreicht Horizontale durch leichten Druck des Testausführers bis zu Horizontalen **Rechts: Stufe 1** **Links: Stufe 1** = leichte Beweglichkeitsdefizite
Hüftbeugemuskel (Speziell M. iliopsoas) Abbildung 2: DHFPG Trainingslehre 3, Studienbrief. S.49	-Rückenlage auf der Behandlungsliege -Gesäß schließt mit Rand der Liege ab -das zu testende Bein maximal anwinkeln und zum Rumpf ziehen -anderes Bein bleibt locker Richtung Boden hängen -Hüftflexion des freien Beines beobachten -Becken bleibt in Kontakt der Liege und hebt nicht ab	**Messbereich:** Position des Oberschenkels im Verhältnis zur Körperlängsachse (Hüftbeugewinkel) **Normwerte:** **Stufe 0:** Oberschenkel erreicht Horizontale; durch leichten Druck des Testausführer kann der Oberschenkel unter Horizontale geführt werden (keine Beweglichkeitsdefizite) **Stufe 1:** Oberschenkel lässt sich durch leichten Druck des Testausführers bis zur Horizontale führen (leichte Beweglichkeitsdefizite, leichte Hüftbeugestellung) **Stufe 2:** Oberschenkel erreicht Horizontale durch Druck des Testausführers nicht (deutliche Beweglichkeitsdefizite)	**Stufe 2:** Oberschenkel erreicht Horizontale durch Druck des Testausführers nicht **Rechts: Stufe 2** **Links: Stufe 2** = deutliche Beweglichkeitsdefizite

Muskulatur	Durchführung	Messbereich/ Normwerte	Testergebnisse
Kniestreckmuskulatur (M. rectus femoris) Abbildung 3: DHFPG Trainingslehre 3, Studienbrief. S.50	-Rückenlage auf der Behandlungsliege -Gesäß schließt am unteren Ende der Liege ab -ein Bein maximal anwinkeln und zum Rumpf ziehen -anderes Bein bleibt locker Richtung Boden hängen und wird durch den Testausführer durch Druck nach unten gedrückt und in der maximalen Hüftflexion fixiert -Durch Druck führt der Tester den Unterschenkel zum Gesäß, um es in den höchstmöglichen Kniebeugewinkel zu bringen -Becken und LWS bleibt dabei an der Liege fixiert	**Messbereich:** Winkel zwischen ober- und Unterschenkel (Kniebeuge Winkel) **Normwerte:** **Stufe 0:** Unterschenkel hängt senkrecht zu Boden; durch leichten Druck des Testers kann die Kniebeugung vergrößert werden (keine Beweglichkeitsdefizite) **Stufe 1:** Unterschenkel leicht nach vorne gestreckt; durch leichten Druck des Testers kann die Kniebeugung auf 90° vergrößert werden (leichte Beweglichkeitsdefizite) **Stufe 2:** Unterschenkel deutlich nach vorne gerichtet; durch leichten Druck des Testers kann die Kniebeugung auf 90° nicht vergrößert werden (deutliche Beweglichkeitsdefizite)	**Stufe 1:** Unterschenkel leicht nach vorne gestreckt; durch leichten Druck des Testers kann die Kniebeugung auf 90° vergrößert werden **Rechts: Stufe 1** **Links: Stufe 1** = leichte Beweglichkeitsdefizite
Kniebeugemuskulatur (Mm. ischiocurales) Abbildung 4: DHFPG Trainingslehre 3, Studienbrief. S.51	-Rückenlage auf der Behandlungsliege -ein Bein im Hüft und Kniegelenk gebeugt auf der Liege abstellen -das zu testende Bein wird vom Testausführer ausgestreckt und in die maximale Hüftflexion gebracht -Patella bleibt dabei frei -das zu testende Bein bleibt dabei in der Streckung, das andere gebeugt auf der Liege -Becken und LWS bleibt fixiert	**Messbereich:** Winkel zwischen Beinachse und Longitudinalachse (Hüftbeugewinkel) **Richtwert:** **Stufe 0:** Flexion im Hüftgelenk ist zu 90° möglich (keine Beweglichkeitsdefizit) **Stufe 1:** Flexion im Hüftgelenk ist zwischen 80-90° möglich (leichte Beweglichkeitsdefizite) **Stufe 2:** Flexion im Hüftgelenk ist nur unter 80° möglich (deutliche Beweglichkeitsdefizite)	**Stufe 1:** Flexion im Hüftgelenk ist zwischen 80-90° möglich **Rechts: Stufe 1** **Links: Stufe 1** = leichte Beweglichkeitsdefizite
Wadenmuskulatur (Mm. triceps surae) Abbildung 5: DHFPG Trainingslehre 3, Studienbrief. S.52	-Rückenlage auf der Behandlungsliege -das nicht zu testende Bein gebeugt auf der Liege aufstellen -das zu testende Bein strecken, die Hälfte des Unterschenkels ragt über den Rand raus -Testausführer greift mit einer Hand Fersenbein distal -andere Hand greift an der Fuß Kante -Hauptzug des Testers distalwärts an der Ferse	**Messbereich:** Dorsalextension **Richtwerte:** **Stufe 0:** Dorsalextension mindestens bis zur 0°Stellung (keine Beweglichkeitsdefizite) **Stufe 1:** Dorsalextension möglich, 0°Stellung nicht ganz erreichbar (leichte Beweglichkeitsdefizite) **Stufe 2:** Dorsalextension nur bis 10°unter 0°Stellung erreichbar (deutliche Beweglichkeitsdefizite	**Stufe 1:** Dorsalextension möglich, 0° Stellung nicht ganz erreichbar **Rechts: Stufe 1** **Links: Stufe** = leichte Beweglichkeitsdefizite

Muskulatur	Durchführung	Messbereich/ Normwerte	Testergebnisse
	-Daumen der anderen Hand drückt Richtung Schienbein, für maximale Dorsalextension		

2.1 Bewertung der Testergebnisse

Anhand der nachfolgenden Tabelle 3 werden die ermittelten Testergebnisse des Be-
weglichkeitstests bewertet und interpretiert.

Tabelle 3: Bewertung der Beweglichkeitstestung

Muskulatur	Bewertung
Brustmuskulatur (M. pectoralis major)	Die Testperson weist beidseitig leichte Beweglichkeitsdefizite in der Brustmuskulatur auf. Durch die beruflich bedingt stark einseitige Belastung (viel sitzen) kann es zu Fehlhaltungen kommen. Die Schultern kippen nach vorn und die Brust wird nicht mehr aufgerichtet. Es entsteht eine Verkürzung des Brustmuskels und daraus resultierend Beweglichkeitsdefizite.
Hüftbeugemuskel (M. iliopsoas)	Die Testperson weist beidseitig deutliche Beweglichkeitsdefizite im Hüftbeugemuskels auf. Durch die sitzende Belastung und die dauerhafte Beugung von Hüftgelenk befindet sich der Hüftbeuger in einer entspannten, nicht gedehnten Position. Es kommt zu Beweglichkeitsdefiziten und der Verkürzung des Hüftbeugers. Wird der Hüftbeuger dann beim Gehen gestreckt kann, das mitunter zu Schmerzen im unteren Rücken sorgen.
Kniestreckmuskulatur (M. rectus femoris)	Die Testperson weist beidseitig leichte Beweglichkeitsdefizite in der Kniestreckmuskulatur auf. Auch diese lassen sich auf die sitzende, einseitige Belastung zurückführen. Folglich verkürzt sich der rectus femoris und zieht den Körper dadurch in eine Fehlhaltung wie das Hohlkreuz, was wiederum mit den Rückenschmerzen der Testperson zusammenhängen kann. Ziel ist das Dehnen der Oberschenkelvorderseite.
Kniebeugemuskulatur (Mm. ischiocrurales)	Die Testperson weist beidseitig leichte Beweglichkeitsdefizite in der Kniebeugemuskulatur auf. Durch die häufig eingenommene Schonhaltung: sitzend, Rundrücken und gebeugte Beine, zieht sich der Oberschenkel zusammen was bei zu wenig Gegenbewegung zu Verkürzungen führt. Folgen sind auch hier Beweglichkeitsdefizite und Rückenschmerzen. Um dies vorzubeugen, sollte die Beinrückseite gedehnt werden.
Wadenmuskulatur (Mm. triceps surae)	Die Testperson weist beidseitig leichte Beweglichkeitsdefizite in der Wadenmuskulatur. Durch das ständige Sitzen kontrahiert der Wadenmuskel und wird nicht auf Länge gedehnt. Er verkürzt. Zur Vorbeugung sollte die Wade regelmäßig gedehnt werden.

3 Trainingsplanung Beweglichkeitstraining

3.1 Belastungsgefüge

Es handelt sich bei dem Dehntraining um das Minimalprogramm, welches bei Trainingseinsteigern die Beweglichkeit verbessert und bei bereits gut trainierten Sportlern diese sichert (Rancour, Holmes & Cipriani, 2009). Gewählt wurde es, da die Testperson nur 3-mal pro Woche Zeit hat und ein Dehntraining unter 2-mal keine großen Fortschritte bringt (Franco, Signorelli, Trajano & De Oliveira, 2008). Nachfolgend wird das Belastungsgefüge, sowie die Dehnmethode und die Dehndauer dargestellt.

Tabelle 4: Belastungsgefüge

Belastungsparameter	Minimalprogramm
Dehndauer	45 Sekunden
Serienzahl	3-4
Einheiten pro Woche	3

Tabelle 5: Dehnmethode und Dehndauer

Dehnmethode	Dehndauer
Statisches Dehnen	Halten der Dehnung für 45 Sekunden
Dynamisches Dehnen	10 langsame Wiederholungen
Postisometrisches Dehnen	60 Sekunden (zunächst leicht dehnen, dann 6-10 Sekunden isometrische Kontraktion; 2-3 Sekunden entspannen; 10-20 Sekunden dehnen

3.2 Übungsauswahl Beweglichkeitstraining

Tabelle 6: Dehnübungen für das Beweglichkeitstraining

Dehnübung	Dehnmethode	Übungsausführung
Brustmuskulatur	Aktiv dynamisch	**Ausgangsposition:** Die Testperson steht aufrecht, der Blick geht nach vorne, der Bauch ist fest, sodass der untere Rücken geschützt ist. **Durchführung:** Die Arme werden nun seitlich angehoben, sodass sich die Hände ca. 90° zu den Unterarmen befinden. Anschließend werden die Arme langsam nach hinten und wieder nach vorne geführt. Der Brustkorb wird geöffnet, bis eine Dehnung in der Brust spürbar ist. Die Handflächen bleiben dabei geöffnet. **Belastungsgefüge:** Die Position wird aktiv dynamisch mit 10 langsamen Wiederholungen und insgesamt 3 Sätzen ausgeführt.

Dehnübung	Dehnmethode	Übungsausführung
		Zielmuskulatur: Brustmuskel (M. pectoralis major)
Nackenmusku-latur:	Aktiv passiv statisch	**Ausgangsposition:** Die Testperson steht aufrecht, der Blick geht nach vorne, der Bauch ist fest, sodass der untere Rücken geschützt ist und die Knie sind leicht gebeugt. **Durchführung:** Der Kopf wird langsam Richtung Schulter bewegt. Dabei wird mit der Hand, zu der dieser geneigt ist, leichten Druck ausgeübt, bis die Dehnung in der Nackenmuskulatur spürbar ist. **Belastungsgefüge:** Die Position wird aktiv-passiv statisch für 45 Sekunden gehalten. Davon werden 3 Sätze pro Seite gemacht.
Rumpfextenso-ren	Aktiv dynamisch	**Ausgangsposition:** Die Testperson befindet sich im Vierfüßler Stand auf der Matte **Durchführung:** Die Bauchmuskulatur wird angespannt, der Nabel dabei nach innengezogen und die Wirbelsäule nach oben geschoben, sodass eine Rundung („Buckel") entsteht. Die Übung wechselt zwischen geraden Rücken (Bauchanspannung) und der Rundung des Rückens (Entspannung des Bauches). **Belastungsgefüge:** Die Position wird aktiv dynamisch mit 10 langsamen Wiederholungen und insgesamt 3 Sätzen ausgeführt. **Zielmuskulatur:** autochthone Rückenmuskulatur (Mm. erector Spinae)
Schulterblattret-raktoren	Aktiv statisch	**Ausgangsposition:** Die Testperson steht aufrecht, der Blick geht nach vorne, der Bauch ist fest, sodass der untere Rücken geschützt ist. **Durchführung:** Die Hände werden auf Schulterhöhe angehoben und vor dem Körper. Nun werden die Schulterblätter aktiv nach vorne gezogen und die Arme werden so weit wie möglich nach vorne geschoben. Dabei ist der Kopf geneigt und das Kinn kommt zum Brustbein. **Belastungsgefüge** Die Position wird passiv statisch für 45 Sekunden pro Bein gehalten. Davon werden 3 Sätze pro Seite gemacht. **Zielmuskulatur:** Trapezmuskel (M. trapezius), Rauten Muskel (Mm. rhomboidei)
Hüftgelenk-flexoren	Passiv statisch	**Ausgangsposition:** Die Testperson befindet sich im Kniestand auf der Matte. **Durchführung:** Nun wird ein Bein vor dem Körper aufgestellt, sodass das Kniegelenk gebeugt ist und sich der Fuß vor dem Knie befindet. Das andere Bein bleibt mit Knie und Unterschenkel auf der Matte. Die Hände werden auf die Oberschenkel gestützt. Nun wird der Oberkörper mit langem Rücken nach vorne verlagert und das Beckengekippt, sodass es zu einer Dehnung im Lendendarmbeinmuskel (M. iliopsoas) kommt. **Belastungsgefüge:** Die Position wird-passiv statisch für 45 Sekunden gehalten. Davon werden 3 Sätze pro Seite gemacht. **Zielmuskulatur:** M. iliopsoas (Lendendarmbeinmuskel).
Hüftgelenka-dduktoren	Postisometrisch passiv	**Ausgangsposition:** Die Testperson befindet sich im Schneidersitz auf einer Matte. Die Fußsohlen berühren sich. **Durchführung** Beide Sprunggelenke werden mit den Händen umfasst. Die Ellenbogen liegen am inneren Oberschenkel auf. Nun wird mit den Ellenbogen Druck gegen die Oberschenkel ausgeübt.

Dehnübung	Dehnmethode	Übungsausführung
		Diese Position wird gehalten, wodurch eine Dehnung der Oberschenkeladduktoren spürbar ist. **Belastungsgefüge:** Die Dehnung wird Postisometrisch Passiv gedehnt. Dabei wird zunächst leicht gedehnt, darauf folgt eine 6-10-sekündige isometrische Kontraktion, Im Anschluss werden die Muskeln 2-3 Sekunden entspannt und dann 10-20 Sekunden bis zur Dehngrenze gedehnt. **Zielmuskulatur:** Oberschenkeladducktoren (M. adductor-brevis, longus, magnus, minimus; M. gracilis; M. pectineus)
Kniestreckmuskulatur	Passiv statisch	**Ausgangsposition:** Die Testperson befindet sich in Seitenlage auf einer Matte. **Durchführung:** Der Oberkörper liegt auf der Matte, ein Bein liegt auf der Matte, das andere wird im Kniegelenk angewinkelt und am Sprunggelenk mit der Hand zum Gesäß gezogen, bis eine Dehnung im geraden Oberschenkel spürbar ist. **Belastungsgefüge:** Die Position wird passiv statisch für 45 Sekunden pro Bein gehalten. Davon werden 3 Sätze pro Seite gemacht. **Zielmuskulatur:** gerader Oberschenkelmuskel (M. rectus femoris)
Kniebeugemuskulatur (Mm. ischiocurales)	Aktiv passiv statisch	**Ausgangsposition:** Die Testperson befindet sich in Rückenlage auf einer Matte. Beide Beine sind ausgestreckt. **Durchführung:** Aus der Rückenlage wird das zu testende Bein mit beiden Händen am Oberschenkel gegriffen (nicht in der Kniekehle) und bei mit der Hüftgelenkflexion zum Oberkörper gezogen (passiv) bis die Dehnung in der Beinrückseite spürbar ist. Dabei ist es im Kniegelenk maximal gestreckt (aktiv). Das andere Bein bleibt dabei möglichst gestreckt auf der Matte liegen. **Belastungsgefüge:** Die Position wird aktiv-passiv statisch für 45 Sekunden pro Bein gehalten. Davon werden 3 Sätze pro Seite gemacht. **Zielmuskulatur:** Zweiköpfiger Oberschenkelmuskel, Halbsehnenmuskel, Plattsehnenmuskel (M. biceps femoris, M. semitendinosus, M. semimembranosus)
Wadenmuskulatur	Passiv statisch	**Ausgangsposition:** Die Testperson befindet sich in Standposition auf einer Matte. **Durchführung:** Ein Bein wird nach vorne aufgestellt und im Kniegelenk leicht gebeugt, der Fuß ist am Boden. Das hintere Bein ist ebenfalls leicht gebeugt, die Fußsohle hat Kontakt zum Boden. hüftweit voneinander entfernt zeigen beide Fußspitzen parallel nach vorne. Durch die Dorsalextension im hinteren Sprunggelenk, welche durch das Kippen des Beckens, dem nach vorne neigen des Oberkörpers erreicht wird und die Beugung des Kniegelenks, entsteht die Dehnung im Schollenmuskel (Mm. triceps surae **Belastungsgefüge:** Die Position wird passiv statisch für 45 Sekunden pro Bein gehalten. Davon werden 3 Sätze pro Seite gemacht. **Zielmuskulatur:** Schollenmuskel (Mm. triceps surae)

Dehnübung	Dehnmethode	Übungsausführung
Wadenmuskula- tur	Passiv dyna- misch	**Ausgangsposition:** Die Testperson befindet sich in Standposition auf einer Matte. **Durchführung:** Ein Bein wird nach vorne aufgestellt und im Knie- gelenk leicht gebeugt, das hintere Bein wird gestreckt, Fuß und Ferse auf den Boden. Durch die Dorsalextension im hinteren Sprunggelenk, welche durch das Kippen des Beckens, dem nach vorne neigen des Oberkörpers und der Streckung im Kniegelenk erreicht wird, entsteht die Dehnung im Zwillingswadenmuskel (M. gastrocnemius).Vorderes Bein langsam strecken und beugen. **Belastungsgefüge:** Die Position wird passiv dynamisch mit 10 langsamen Wiederholungen und insgesamt 3 Sätzen pro Bein aus- geführt **Zielmuskulatur:** Zwillingswadenmuskel (M. gastrocnemius)

3.3 Begründung des Dehnprogramms

Das beschriebene Beweglichkeitstraining und die dafür ausgewählten Dehnübungen wurden aus den Ergebnissen des Beweglichkeitstestes und den Zielen der Testperson abgeleitet. Um die Ziele zu erreichen, wird bei dem Dehnprogramm vor allem auf die Ergebnisse der Beweglichkeitstestung geschaut. So kann die zur Verkürzung neigende Muskulatur verbessert werden und die Beweglichkeit präventiv erhalten bleiben. Ein weiterer Punkt des Dehnprogramms ist das Ausgleichen von Muskel-Dysbalancen, die jeder Mensch im Laufe seines Lebens entwickelt. Dadurch kann es zu Haltungsfehlern aufgrund einer stärkeren Seite kommen. Dehnübungen verringern die unerwünschte Auswirkung der Dysbalancen, was wiederum zu Schmerzlinderung führt (Suchter, V; 2017; S.11). Betrachtet man die Ergebnisse der Testung so treten bei der Testperson leichte Beweglichkeitsdefizite in der Brustmuskulatur (M. pectoralis major), Knie- streckmuskulatur (M. rectus femoris), Kniebeugemuskulatur (Mm. ischiocrurales) und in der Wadenmuskulatur (Mm. triceps surae). Deutliche Defizite treten in der Testung des Hüftbeugemuskel (M. iliopsoas) auf. Aufgrund der Ergebnisse wurde der Fokus für das Beweglichkeitstraining ganzheitlich auf alle Muskelgruppen ausgerichtet. Deutlich wird, dass vor allem die Muskulatur des Unterkörpers Defizite aufzeigt. Dies kann daran liegen, dass die Testperson bislang kein Beweglichkeitstraining gemacht hat, was zudem durch die sitzende Arbeit verstärkt wird. Gerade deutlich verkürzte Muskulatur wie den Lendendarmbeinmuskel gilt es zu dehnen, denn durch die sitzende Belastung und die dauerhafte Beugung von Hüftgelenk befindet sich der Hüftbeuger in einer entspannten, nicht gedehnten Position. Es kommt zu Beweglichkeitsdefiziten und der Verkürzung des Hüftbeugers. Wird der Hüftbeuger dann beim Gehen gestreckt, kann das zu den besagten Schmerzen im unteren Rücken sorgen. Die Lösung liegt in regelmäßigem Dehnen und Stärken des Hüftbeugers und seinem Gegenspieler dem Hüftstrecker, da es sonst zu Dysbalancen kommt. Gerade durch das Joggen der Testperson muss die Wade viel Belastung standhalten, daher ist es wichtig die Wadenmuskulatur zu dehnen, da es sonst durch die Spannung zu Verhärtungen kommen kann. Zurückgegriffen wird dabei auf das statische, dynamische und Postisometrischen Dehnen, sowie aktiv und passiv unterteilt. Die empfohlene Dehndauer beträgt beim Statischen Dehnen bis zu 45 Sekunden (nach Freiwald, 2000) und beim Dynamischen Dehnen 10 langsamen Wiederholungen (Glück 2005). Beim Postisometrischen Dehnen wird zunächst leicht gedehnt, darauf folgt eine 6-10-sekündige isometrische Kontraktion. Im Anschluss werden die Muskeln 2-3 Sekunden entspannt und dann 10-20 Sekunden bis zur Dehngrenze gedehnt (Hohmann, Lames & Letzelter, 2002, S.100; Sölveborn, 1983, S.13). Da eine Serienanzahl über 4 Sätze für den Trainingsfortschritt nicht nötig ist, absolviert die Testperson 3 bis maximal 4 Sätze. Bei der Dehnung der Brustmuskulatur (M. pectoralis major) ist es von Vorteil auf die aktive Dehnungsmethode zu wählen, da es hier gleichzeitig durch die Kontraktionskraft zu einer Kräftigung der Antagonisten führt. Die Dehnung der Brustmuskulatur geht einher mit der Stärkung der Antagonisten, da diese essentiel für eine aufrechte Haltung sind und beispielsweise die Schultern tief halten. Aufgrund der überwiegend sitzenden Alltagshaltung, werden präventiv Dehnübungen für Nacken, Schulterblatt und Rückenstrecker eingeführt. Um potenzielle Schwierigkeiten zu vermeiden, wurden einfache Übungen, passend zum Trainingslevel ausgewählt, sodass sich die Testperson voll auf die Dehnung konzentrieren kann, durch die Variation der Dehnmethoden kann die Intensität und auch der Schwierigkeitsgrad erhöht werden. Da es sich um ein gesundheitsorientiertes Dehnprogramm im Bereich des Gesundheitssports handelt, liegt die Intensität über der Dehnschwelle, also der Beginn des ersten Spannungsgefühls, knapp unter der Dehngrenze, dem Dehnschmerz (Schönthaler und Ohlendorf, 2002).

4   Trainingsplanung Koordinationstraining

In der nachfolgenden Tabelle 7 wird das Belastungsgefüge, gefolgt von der Übungs-
auswahl für das Koordinationstraining/ Gleichgewichtstraining dargestellt.

Tabelle 7: Belastungsgefüge

Häufigkeit	3x pro Woche
Sätze pro Übung	3 Sätze
Satzpausen	20-30 Sekunden
Belastungsdauer	30-45 Sekunden
Trainingsdauer	15-30 Minuten

4.1 Übungsauswahl Koordinationstraining

1 Übung: Verlagerung des Körperschwerpunktes

<u>Ausgangsposition</u>: Die Testperson steht aufrecht, Füße stehen hüftweit auseinander
und die Belastung ist auf Ferse, Klein und Großzehballen verteilt. Die Knie sind leicht
gebeugt, die Brust aufrecht, der Blick geht nach vorne, der Bauch ist fest. Die die sind
Arme seitlich in die Hüften gestemmt und die Schultern tief.

<u>Durchführung:</u> Aus stabiler Standposition wird nun der Körperschwerpunkt in alle
Richtungen verlagert, der Oberkörper wird mit geradem Rücken nach vorne, zur Seite
und hinten gelehnt dabei bleibt die Körperhaltung vorhanden und die Füße fest am
Boden. Nach der Verlagerung wird in die Ausgangsposition zurückgekehrt

2 Übung: Verlagerung des Körperschwerpunktes mit geschlossenen Augen

<u>Ausgangsposition</u>: Die Testperson steht aufrecht, Füße stehen hüftweit auseinander
und die Belastung ist auf Ferse, Klein und Großzehballen verteilt. Die Knie sind leicht
gebeugt, die Brust aufrecht, der Blick geht nach vorne, der Bauch ist fest. Die die sind
Arme seitlich in die Hüften gestemmt und die Schultern tief.

<u>Durchführung:</u> Aus stabiler Standposition wird nun der Körperschwerpunkt in alle
Richtungen verlagert, der Oberkörper wird mit geradem Rücken nach vorne, zur Seite
und hinten gelehnt dabei bleibt die Körperhaltung vorhanden und die Füße fest am

Boden. Nach der Verlagerung wird in die Ausgangsposition zurückgekehrt. Dabei sind die Augen geschlossen.

3 Übung: Einbeinstand

<u>Ausgangsposition:</u> Die Testperson steht aufrecht, Füße stehen hüftweit auseinander und die Belastung ist auf Ferse, Klein und Großzehballen verteilt. Die Knie sind leicht gebeugt, die Brust aufrecht, der Blick geht nach vorne, der Bauch ist fest. Die die sind Arme seitlich in die Hüften gestemmt und die Schultern tief.

<u>Durchführung:</u> Ein Bein wird im Knie- und Hüftgelenk gebeugt und leicht angehoben. Bei dieser Übung wird nach jedem Satz, welcher 30-45 Sekunden geht wird das Bein gewechselt, sodass jedes Bein drei Durchgänge macht.

4 Übung: Einbeinstand mit geschlossenen Augen

<u>Ausgangsposition:</u> Die Testperson steht aufrecht, Füße stehen hüftweit auseinander und die Belastung ist auf Ferse, Klein und Großzehballen verteilt. Die Knie sind leicht gebeugt, die Brust aufrecht, der Blick geht nach vorne, der Bauch ist fest. Die die sind Arme seitlich in die Hüften gestemmt und die Schultern tief.

<u>Durchführung:</u> Ein Bein wird im Knie- und Hüftgelenk gebeugt und leicht angehoben. Die Augen sind geschlossen. Bei dieser Übung wird nach jedem Satz, welcher 30-45 Sekunden geht wird das Bein gewechselt, sodass jedes Bein drei Durchgänge macht.

5 Übung: Einbeinstand mit Schwingen des Beines und der Arme

<u>Ausgangsposition:</u> Die Testperson steht aufrecht, Füße stehen hüftweit auseinander und die Belastung ist auf Ferse, Klein und Großzehballen verteilt. Die Knie sind leicht gebeugt, die Brust aufrecht, der Blick geht nach vorne, der Bauch ist fest. Die die sind Arme seitlich in die Hüften gestemmt und die Schultern tief.

<u>Durchführung:</u> Aus dem Einbeinstand wird ein Bein vorwärts und rückwärts geschwungen. Die Arme schwingen dabei richtungssynchron und gegenläufig mit. Bei dieser Übung wird nach jedem Satz, der 30-45 Sekunden geht, das Bein gewechselt, sodass jedes Bein drei Durchgänge macht.

6 Übung: Einbeinstand mit Schwingen des Beines und der Arme und geschlossenen Augen

Ausgangsposition: Die Testperson steht aufrecht, Füße stehen hüftweit auseinander und die Belastung ist auf Ferse, Klein und Großzehballen verteilt. Die Knie sind leicht gebeugt, die Brust aufrecht, der Blick geht nach vorne, der Bauch ist fest. Die die sind Arme seitlich in die Hüften gestemmt und die Schultern tief.

Durchführung: Die Augen sind geschlossen. Aus dem Einbeinstand wird ein Bein vorwärts und rückwärts geschwungen. Die Arme schwingen dabei richtungssynchron und gegenläufig mit. Bei dieser Übung wird nach jedem Satz, der 30-45 Sekunden geht, das Bein gewechselt, sodass jedes Bein drei Durchgänge macht.

7 Übung: Beidbeiniger Stand auf dem Therapiekreisel

Ausgangsposition: (zwei Therapiekreisel werden nebeneinander mit der gewölbten Seite nach unten auf dem Boden platziert) Beidbeiniger Stand auf dem Therapiekreisel, Kniegelenke sind leicht gebeugt, Oberkörper aufrecht und die Hände in die Hüfte gestemmt.

Durchführung: Das Gleichgewicht in dieser Position für 30-45 Sekunden gehalten. Davon werden 3 Sätze absolviert.

8 Übung: Beidbeiniger Stand auf dem Therapiekreisel mit geschlossenen Augen

Ausgangsposition: Beidbeiniger Stand auf dem Therapiekreisel, Kniegelenke sind leicht gebeugt, Fußsohle hat Kontakt mit der Unterlage, Oberkörper aufrecht und die Hände in die Hüfte gestemmt.

Durchführung: Die Augen werden geschlossen und das Gleichgewicht in dieser Position für 30-45 Sekunden gehalten. Davon werden 3 Sätze absolviert.

9 Übung: Einbeinbeinstand auf dem Therapiekreisel

Ausgangsposition: Einbeinstand auf dem Therapiekreisel, Kniegelenk leicht gebeugt, Fußsohle hat Kontakt mit der Unterlage, Oberkörper aufrecht, Bauch fest und die Hände seitlich zur Balance nehmen.

Durchführung: Ein Fuß ist mittig auf dem Therapiekreisel, das andere Bein wird leicht angehoben und das Gleichgewicht gehalten. Bei dieser Übung wird nach jedem Satz, der 30-45 Sekunden geht, das Bein gewechselt, sodass jedes Bein drei Durchgänge macht.

10 Übung: Einbeinstand auf dem Therapiekreisel mit Ball werfen und fangen

Ausgangsposition: Einbeinstand auf dem Therapiekreisel, Kniegelenk leicht gebeugt, Fußsohle hat Kontakt mit der Unterlage, Oberkörper aufrecht, Bauch fest und die Hände seitlich zur Balance nehmen.

Durchführung: Ein Fuß ist mittig auf dem Therapiekreisel, das andere Bein wird leicht. Nun wird ein Tennisball mit ca. 50cm Höhe im Wechsel von einer zur anderen Hand geworfen und gefangen. Dabei wird das Gleichgewicht gehalten. Bei dieser Übung wird nach jedem Satz, der 30-45 Sekunden geht, das Bein gewechselt, sodass jedes Bein drei Durchgänge macht.

4.2 Begründung des Koordinationstrainings

Ein hohes Niveau der Bewegungskoordination und damit dem Zusammenspiel von Sinnesorganen, Nervensystem und Bewegungsapparat bringt in vielen Lebensbereichen Sicherheit und Vorteile: So sorgt „eine gute koordinative Leistungsfähigkeit" für die Bewältigung koordinativ bestimmter Anforderungen im Alltag, im Arbeitsprozess und der Freizeit (Neumeier, A; 2016; S.9). Damit wird das Trainingsmotiv der Testperson „fit für dem Alltag bleiben" gestärkt. Zudem trägt Koordinationstraining wesentlich zur motorischen Handlungsfähigkeit, sowie der Bewegungssicherheit und der daraus resultierenden verbesserten Lebensqualität bis ins hohe Alter bei. Koordinationstraining, insbesondere das Gleichgewichtstraining hilft die Bewegungstätigkeit zu ökonomisieren und so energiesparend zu arbeiten. Dies hat wiederrum Vorteile auf das Ausdauertraining der der Testperson. Da die Testperson bislang noch keine Erfahrung im Koordinationstraining hat, wurden Koordination und Gleichgewichtsübungen für Anfänger ausgewählt, welche systematisch aufeinander aufbauen und den methodisch-didaktischen Prinzipien folgen. Zunächst wird mit einem allgemeinen Aufwärmtraining zur Erhöhung der Körpertemperatut gestartet. Danach wird das Training mit leichten Übungen begonnen, wodurch erste Erfolgserlebnisse erlebt werden und

Misserfolge vermeidet werden (Chwilkowski, 2006, S.56-58). Menschliche Bewegungen entstehen durch die Wirkung der inneren Kräfte (Muskelkraft), sowie der äußeren Kräfte (Kraft des Partners, Untergrund) und dessen Wechselwirkungen (Neumeier, A.; 2016; S.21) Um diesen Kräften standzuhalten wird das Stabilisationsvermögen und die Koordination verbessert. Im Verlauf des Trainings steigert sich der Schwierigkeitsgrad von einfachen zu komplexen Anforderungen, dabei wird zuerst die Rumpfmuskulatur aktiviert und im Anschluss die Extremitäten mit einbezogen. Zusätzlich werden die Übungen durch Zusatzaufgaben von statischen zu dynamischen Anforderungen gesteigert wie z.B. das Werfen eines Balles von einer zur anderen Hand. Auch der Untergrund wird im Laufe der Übungen instabiler und teils kleiner. Dies fördert vor allem den Gleichgewichtssinn, sowie die Propriozeption. Je weniger feste Kontaktpunkte der Körper zum Boden hat, desto höher ist die Anforderung das Gleichgewicht zu halten. Dabei werden die kleinen tiefliegenden Muskeln gestärkt, die den Stützapparat unseres Körpers bilden und ihn im Gleichgewicht halten (Suchter, V.; 2017; S 9). Werden die Übungen mit offenen Augen beherrscht, wird die Tiefensensibilität durch das Schließen der Augen und dem Wegfallen der Raumorientierung gestärkt (Chwilkowski, 2006, S.56-58). Aufgrund des zeitlich begrenzten Verfügbarkeitsrahmen der Testperson findet das Koordination-/ Gleichgewichttraining 3x pro Woche statt.

5 Literaturrecherche

Thema der Studien: Effekte des Dehnens auf die Muskellänge

Tabelle **8**: Studie 1: Effekte des Dehnens auf die Muskellänge (eigene Darstellung)

Titel der Studie	Does acute passive stretching increase muscle length in children with cerebral palsy?
Autoren	N. Theiss, T. Korff, H. Kairon, A.A. Mohagheghi
Datum der Publikation	10/2013
Forschungsumfrage	Bewegungsstörungen durch Zerebralparese (CP) sind auf erhöhte Muskelsteife (Spastik) sowie eine reduzierte Muskellänge zurückzuführen und schränken die Bewegungsfreiheit ein. Die Frage war ob durch passives Dehnen zusätzlich zur Sehnenlänge auch die Muskellänge erhöht wird Sowie die Frage, ob die Dehntechnik hierauf einen Einfluss hat.
Versuchspersonen	3 Jungs und 5 Mädchen mit klinisch diagnostizierter Zerebralparese (CP) im Alter von 6-14 Jahren. 5 der Kinder wurden in Stufe 2 und 3 in Stufe 1 in Bezug auf die grobmotorische Funktion eingestuft. Das Durchschnittsalter der Kinder betrug 10.2 Jahre. Alle Teilnehmer hatten zuvor noch keine orthopädische OP erhalten.
Versuchsaufbau	Die Probanden wurden in einer Physiotherapieklinik behandelt. Es wurden 2 verschieden Dehnübungen für jeweils beide Beine angewendet. Eine Dehnübung wurde mit Hilfe eines Therapeuten durchgeführt, die andere Dehnübung selbstständig. Beide Übungen wurden in zufälliger Reihenfolge abwechselnd an beiden Beinen angewendet. Jede der beiden Übungen wurde 5x wiederholt. Es gab pro Bein 2 Intervalle mit jeweils 60min Ruhephase. Begleitend zu den Dehnübungen wurde jeweils vor und nach jedem Dehnintervall der Dorsionsflexionswinkel gemessen und protokolliert. Über die relative Winkeländerung des gemessenen Dorsionsflexionswinkels lässt sich auf die Längenänderung des Muskels, des Muskelfazikels als auch der Sehne rückrechnen.
Ergebnisse / Schlussfolgerung	Sowohl Muskel als auch die Sehne hatten sich durch die Übungen verlängert. Die Dehntechnik selbst hat dabei keinen Einfluss gezeigt. **Fazit:** Um den Bewegungsumfang von CP geschädigten Personen zu verbessern und aufrecht zu erhalten ist Dehnen mit einer Widerholfolge also ein geeignetes Mittel. Wichtig regelmäßig.

Tabelle **9**: Studie 2: Effekte des Dehnens auf die Muskellänge (eigene Darstellung)

Titel der Studie	Effects of acute static, ballistic, and PNF stretching exercise on the muscle and tendon tissue properties
Autoren	A. Konrad, S. Stafilidis, M.Tilp
Datum der Publikation	06/2016
Forschungsumfrage	Untersuchung von 3 verschiedenen Dehnmethoden auf die Eigenschaften/ Veränderung von Muskel und Sehnengewebe des Unterschenkels nach einmaliger Anwendung (4x; 30s).
Versuchspersonen	122 Probanden. Davon 98 Polizeikadetten und 24 Sportmedizinstudenten. Die Frauenquote lag insgesamt bei 43/ 79. Keiner der Teilnehmer war Leistungssportler oder hatte eine Vorgeschichte bezgl. Unterschenkelverletzung.
Versuchsaufbau	Die Probanden wurden in 3 Dehnungsgruppen (Politeikadetten) und eine Kontrollgruppe (Sportmedizinstudenten) geteilt. Die Gruppen wurden wie folgt aufgeteilt: statische Dehngruppe (n=25), ballistische Dehngruppe (n=24), PNF Dehngruppe (n=49), Kontrollgruppe (n=24). Vor und nach der Dehnungsübungen wurden, um die Muskel und Sehneneigenschaften zu spezifizieren, spezielle Messverfahren angewendet. Messverfahren waren: Bewegungsmessung (elektronischer Goniometer über Tape am Sprunggelenk), Drehmomentmessung (Leistungsprüfstand), Kontraktionsmessung (Dynamometer), Muskelaktivität (Elektromyographie), Dehnungsmessung am Muskel/ Sehne (Ultraschall). Die Längenänderung der Sehnen / Muskeln konnte über das Ultraschallmessverfahren (Dehnungsmessung) bestimmt werden.Die Messungen wurden ohne Aufwärmen, bei konstanter Raumtemperatur und in einer definierten Reihenfolge unter Einhaltung definierter Pausenzeiten zwischen den Messungen durchgeführt.
Ergebnisse / Schlussfolgerung	Bezogen auf die Muskellänge konnte in keiner Dehnungsgruppe nach einer einzelnen Dehnübung eine Längenänderung festgestellt werden. Insgesamt konnte eine Zunahme der Bewegungsfreiheit und eine Abnahme der Muskel/ Sehnensteifigkeit festgestellt werden, was durch ein nachgiebiges Muskelgewebe erklärt wird. **Fazit:** einzelne Dehnübungen in größeren zeitlichen Abständen haben keinen nennenswerten Einfluss auf die Längenänderung des Muskelgewebes.

17

6 Literaturverzeichnis

Chwilkowski, C. (2006). *Medizinisches Koordinationstraining: Verbesserung der Haltungs und Bewegungskoordination durch Propriozeption.* Köln: Deutscher Trainer Verlag.

Eifler, C. (2021). *Trainingslehre 3.* Studienbrief Saarbrücken

Franco, B. L., Signorelli, G. R., Trajano, G. S. & De Oliveira, C. (2008). *Acute effects of different stretching exercises on muscular edurance. Journal of Strength and Conditioning Research, 22* (6), 1832-1837)

Freiwald, J. (2000). *Dehnen im Sport und in der Therapie. Die Säule, 4* (1), 28-33.
Hohmann, A., Lames, M. & Letzelter, M. (2002). *Einführung in die Trainingswissenschaft* (Limpert Sportwissenschaft, 2 Aufl.). Wiebelsheim: Limpert

Glück, S. (2005). *Beeinflussung der Beweglichkeit durch unterschiedliche physische und psychische Einwirkungen.* Dissertation. Universität des Saarlandes, Saarbrücken.

Neumeier, A. (2016). *Koordinatives Anforderungsprofil und Koordinationstraining* (5.Aufl.). Köln: Strauß Verlag

Rancour, J., Holmes, C.F. & Cipriani, D. J. (2009). *The effects of intermittent stretching following a 4-week static stretching protocol: a randomized trial. Journal of strength and conditioning researsch / National Stength & Conditioning Association, 23* (8), 2217-2222.

Schönthaler, S. R. & Ohlendorf, K. (2002). *Biomechanische und neurophysiologische Veränderungen nach ein- und mehrfach seriellem passiv-statischem Beweglichkeitstraining* (Wissenschaftliche Berichte und Materialien / Bundesinstitut für Sportwissenschaft, 1 Aufl.). Köln. Sport und Buch Strauß

Suchter, V. (2017). *BALANCETRAINING: Die besten Übungen für mehr Gleichgewicht, Stabilität und Koordination* (1.Aufl.). München: riva Verlag

Janda, V. (2000). *Manuelle Muskelfunktionsdiagnostik* (4. Aufl.). München: Urban &
Fischer Verlag. Schorndorf: Hofmann-Verlag.

Walker, B. (2014). *Anatomie des Stretchings: Mit der richtigen Dehnung zu mehr Beweglichkeit* (1. Aufl.). München: riva Verlag.

7   Abbildungsverzeichnis

8   Tabellenverzeichnis